מאיר עיניים

סדר ברכת המזון
נוסח אשכנז וספרד

פותח את ידך ומשביע לכל חי רצון

קורן ירושלים

מאיר עיניים – סדר ברכת המזון
מהדורה ראשונה © 2014

ת״ד 4044 ירושלים 91040
טל: 02-6330517 פקס: 02-6330534
Koren Publishers Jerusalem Ltd.
POB 4044, Jerusalem 91040, ISRAEL
POB 8531, New Milford, CT 06776-8531, USA
www.korenpub.com

נדפס בישראל 2014

אשכנו וספרד מסת״ב: 978-965-301-220-2.

א/סבמ1

תוכן העניינים

גם כאשר אדם אוכל ושבע, עליו לזכור את החורבן ואת הצורך בתיקון העולם.
משום כך נוהגים לומר ביום חול קודם ברכת המזון מזמור זה:

עַל־נַהֲרוֹת בָּבֶל, שָׁם יָשַׁבְנוּ גַּם־בָּכִינוּ,
בְּזָכְרֵנוּ אֶת־צִיּוֹן: עַל־עֲרָבִים בְּתוֹכָהּ תָּלִינוּ
כִּנֹּרוֹתֵינוּ: כִּי שָׁם שְׁאֵלוּנוּ שׁוֹבֵינוּ דִּבְרֵי־
שִׁיר וְתוֹלָלֵינוּ שִׂמְחָה, שִׁירוּ לָנוּ מִשִּׁיר
צִיּוֹן: אֵיךְ נָשִׁיר אֶת־שִׁיר־יהוה עַל אַדְמַת
נֵכָר: אִם־אֶשְׁכָּחֵךְ יְרוּשָׁלָםִ, תִּשְׁכַּח יְמִינִי:
תִּדְבַּק לְשׁוֹנִי לְחִכִּי אִם־לֹא אֶזְכְּרֵכִי, אִם־
לֹא אַעֲלֶה אֶת־יְרוּשָׁלַםִ עַל רֹאשׁ שִׂמְחָתִי:
זְכֹר יהוה לִבְנֵי אֱדוֹם אֵת יוֹם יְרוּשָׁלָםִ,
הָאֹמְרִים עָרוּ עָרוּ עַד הַיְסוֹד בָּהּ: בַּת־בָּבֶל
הַשְּׁדוּדָה, אַשְׁרֵי שֶׁיְּשַׁלֶּם־לָךְ אֶת־גְּמוּלֵךְ
שֶׁגָּמַלְתְּ לָנוּ: אַשְׁרֵי שֶׁיֹּאחֵז, וְנִפֵּץ אֶת־
עֹלָלַיִךְ אֶל־הַסָּלַע:

בשבתות ובימים טובים, שאין מתאבלים בהם על החורבן,
נוהגים לומר מזמור זה:

שִׁיר הַמַּעֲלוֹת, בְּשׁוּב יהוה אֶת־שִׁיבַת צִיּוֹן, הָיִינוּ כְּחֹלְמִים: אָז יִמָּלֵא שְׂחוֹק פִּינוּ וּלְשׁוֹנֵנוּ רִנָּה, אָז יֹאמְרוּ בַגּוֹיִם הִגְדִּיל יהוה לַעֲשׂוֹת עִם־אֵלֶּה: הִגְדִּיל יהוה לַעֲשׂוֹת עִמָּנוּ, הָיִינוּ שְׂמֵחִים: שׁוּבָה יהוה אֶת־שְׁבִיתֵנוּ, כַּאֲפִיקִים בַּנֶּגֶב: הַזֹּרְעִים בְּדִמְעָה בְּרִנָּה יִקְצֹרוּ: הָלוֹךְ יֵלֵךְ וּבָכֹה נֹשֵׂא מֶשֶׁךְ־הַזָּרַע, בֹּא־יָבֹא בְרִנָּה נֹשֵׂא אֲלֻמֹּתָיו:

יש נוהגים להוסיף פסוקים אלה, שלדעת האר״י הם פתיחה לברכת המזון:

תְּהִלַּת יהוה יְדַבֶּר פִּי, וִיבָרֵךְ כָּל־בָּשָׂר שֵׁם קָדְשׁוֹ לְעוֹלָם וָעֶד: וַאֲנַחְנוּ נְבָרֵךְ יָהּ מֵעַתָּה וְעַד־עוֹלָם, הַלְלוּיָהּ: הוֹדוּ לַיהוה כִּי־טוֹב, כִּי לְעוֹלָם חַסְדּוֹ: מִי יְמַלֵּל גְּבוּרוֹת יהוה, יַשְׁמִיעַ כָּל־תְּהִלָּתוֹ:

סדר הזימון

שלושה שאכלו כאחד חייבים לזמן.

אם עשרה אכלו יחד, מזכירים את השם בזימון.

זימון בסעודת ברית מילה בעמ׳ 23

ובסעודת שבע ברכות בעמ׳ 27.

המזמן אומר: **רַבּוֹתַי, נְבָרֵךְ.**

המסובין: **יְהִי שֵׁם יהוה מְבֹרָךְ מֵעַתָּה וְעַד־עוֹלָם:**

המזמן חוזר: **יְהִי שֵׁם יהוה מְבֹרָךְ מֵעַתָּה וְעַד־עוֹלָם:**

בִּרְשׁוּת (אָבִי מוֹרִי / אִמִּי מוֹרָתִי / כֹּהֲנִים / מוֹרֵנוּ הָרַב / בַּעַל הַבַּיִת הַזֶּה / בַּעֲלַת הַבַּיִת הַזֶּה)

מָרָנָן וְרַבָּנָן וְרַבּוֹתַי

נְבָרֵךְ (במניין: אֱלֹהֵינוּ) **שֶׁאָכַלְנוּ מִשֶּׁלּוֹ.**

המסובין: **בָּרוּךְ** (במניין: אֱלֹהֵינוּ) **שֶׁאָכַלְנוּ מִשֶּׁלּוֹ**

וּבְטוּבוֹ חָיִינוּ.

מי שלא אכל, אומר:

בָּרוּךְ וּמְבֹרָךְ שְׁמוֹ תָּמִיד לְעוֹלָם וָעֶד.

המזמן חוזר: **בָּרוּךְ** (במניין: אֱלֹהֵינוּ) **שֶׁאָכַלְנוּ מִשֶּׁלּוֹ**

וּבְטוּבוֹ חָיִינוּ.

בָּרוּךְ הוּא וּבָרוּךְ שְׁמוֹ.

בָּרוּךְ אַתָּה יהוה אֱלֹהֵינוּ מֶלֶךְ הָעוֹלָם
הַזָּן אֶת הָעוֹלָם כֻּלּוֹ בְּטוּבוֹ
בְּחֵן בְּחֶסֶד וּבְרַחֲמִים
הוּא נוֹתֵן לֶחֶם לְכָל בָּשָׂר
כִּי לְעוֹלָם חַסְדּוֹ.
וּבְטוּבוֹ הַגָּדוֹל, תָּמִיד לֹא חָסַר לָנוּ
וְאַל יֶחְסַר לָנוּ מָזוֹן לְעוֹלָם וָעֶד
בַּעֲבוּר שְׁמוֹ הַגָּדוֹל.
כִּי הוּא אֵל זָן וּמְפַרְנֵס לַכֹּל וּמֵטִיב לַכֹּל
וּמֵכִין מָזוֹן לְכָל בְּרִיּוֹתָיו אֲשֶׁר בָּרָא.
(כָּאָמוּר, פּוֹתֵחַ אֶת־יָדֶךָ
וּמַשְׂבִּיעַ לְכָל־חַי רָצוֹן.)
בָּרוּךְ אַתָּה יהוה, הַזָּן אֶת הַכֹּל.

נוֹדֶה לְּךָ, יהוה אֱלֹהֵינוּ

עַל שֶׁהִנְחַלְתָּ לַאֲבוֹתֵינוּ

אֶרֶץ חֶמְדָּה טוֹבָה וּרְחָבָה

וְעַל שֶׁהוֹצֵאתָנוּ יהוה אֱלֹהֵינוּ

מֵאֶרֶץ מִצְרַיִם

וּפְדִיתָנוּ מִבֵּית עֲבָדִים

וְעַל בְּרִיתְךָ שֶׁחָתַמְתָּ בִּבְשָׂרֵנוּ

וְעַל תּוֹרָתְךָ שֶׁלִּמַּדְתָּנוּ

וְעַל חֻקֶּיךָ שֶׁהוֹדַעְתָּנוּ

וְעַל חַיִּים חֵן וָחֶסֶד שֶׁחוֹנַנְתָּנוּ

וְעַל אֲכִילַת מָזוֹן שָׁאַתָּה זָן

וּמְפַרְנֵס אוֹתָנוּ תָּמִיד

בְּכָל יוֹם וּבְכָל עֵת וּבְכָל שָׁעָה.

בחנוכה:

עַל הַנִּסִּים וְעַל הַפֻּרְקָן וְעַל הַגְּבוּרוֹת וְעַל הַתְּשׁוּעוֹת (וְעַל הַנִּפְלָאוֹת וְעַל הַנֶּחָמוֹת) וְעַל הַמִּלְחָמוֹת שֶׁעָשִׂיתָ לַאֲבוֹתֵינוּ בַּיָּמִים הָהֵם בַּזְּמַן הַזֶּה.

בִּימֵי מַתִּתְיָהוּ בֶּן יוֹחָנָן כֹּהֵן גָּדוֹל חַשְׁמוֹנַאי וּבָנָיו, כְּשֶׁעָמְדָה מַלְכוּת יָוָן הָרְשָׁעָה עַל עַמְּךָ יִשְׂרָאֵל לְהַשְׁכִּיחָם תּוֹרָתֶךָ וּלְהַעֲבִירָם מֵחֻקֵּי רְצוֹנֶךָ, וְאַתָּה בְּרַחֲמֶיךָ הָרַבִּים עָמַדְתָּ לָהֶם בְּעֵת צָרָתָם, רַבְתָּ אֶת רִיבָם, דַּנְתָּ אֶת דִּינָם, נָקַמְתָּ אֶת נִקְמָתָם, מָסַרְתָּ גִּבּוֹרִים בְּיַד חַלָּשִׁים, וְרַבִּים בְּיַד מְעַטִּים, וּטְמֵאִים בְּיַד טְהוֹרִים, וּרְשָׁעִים בְּיַד צַדִּיקִים, וְזֵדִים בְּיַד עוֹסְקֵי תוֹרָתֶךָ, וּלְךָ עָשִׂיתָ שֵׁם גָּדוֹל וְקָדוֹשׁ בְּעוֹלָמֶךָ, וּלְעַמְּךָ יִשְׂרָאֵל עָשִׂיתָ תְּשׁוּעָה גְדוֹלָה וּפֻרְקָן כְּהַיּוֹם הַזֶּה. וְאַחַר כֵּן/כָּךְ בָּאוּ בָנֶיךָ לִדְבִיר בֵּיתֶךָ, וּפִנּוּ אֶת הֵיכָלֶךָ, וְטִהֲרוּ אֶת מִקְדָּשֶׁךָ, וְהִדְלִיקוּ נֵרוֹת בְּחַצְרוֹת קָדְשֶׁךָ, וְקָבְעוּ שְׁמוֹנַת יְמֵי חֲנֻכָּה אֵלּוּ, לְהוֹדוֹת וּלְהַלֵּל לְשִׁמְךָ הַגָּדוֹל.

וממשיך 'וְעַל הַכֹּל' בעמוד הבא.

בפורים:

עַל הַנִּסִּים וְעַל הַפֻּרְקָן וְעַל הַגְּבוּרוֹת וְעַל הַתְּשׁוּעוֹת (וְעַל הַנִּפְלָאוֹת וְעַל הַנֶּחָמוֹת) וְעַל הַמִּלְחָמוֹת שֶׁעָשִׂיתָ לַאֲבוֹתֵינוּ בַּיָּמִים הָהֵם בַּזְּמַן הַזֶּה.

בִּימֵי מָרְדְּכַי וְאֶסְתֵּר בְּשׁוּשַׁן הַבִּירָה, כְּשֶׁעָמַד עֲלֵיהֶם הָמָן הָרָשָׁע, בִּקֵּשׁ לְהַשְׁמִיד לַהֲרֹג וּלְאַבֵּד אֶת־כָּל־הַיְּהוּדִים מִנַּעַר וְעַד־זָקֵן טַף וְנָשִׁים בְּיוֹם אֶחָד, בִּשְׁלוֹשָׁה עָשָׂר לְחֹדֶשׁ שְׁנֵים־עָשָׂר, הוּא־חֹדֶשׁ אֲדָר, וּשְׁלָלָם לָבוֹז: וְאַתָּה בְּרַחֲמֶיךָ הָרַבִּים הֵפַרְתָּ אֶת עֲצָתוֹ, וְקִלְקַלְתָּ אֶת מַחֲשַׁבְתּוֹ, וַהֲשֵׁבוֹתָ לּוֹ גְּמוּלוֹ בְּרֹאשׁוֹ, וְתָלוּ אוֹתוֹ וְאֶת בָּנָיו עַל הָעֵץ.

וממשיך 'וְעַל הַכֹּל'.

וְעַל הַכֹּל, יהוה אֱלֹהֵינוּ
אֲנַחְנוּ מוֹדִים לָךְ וּמְבָרְכִים אוֹתָךְ.
יִתְבָּרַךְ שִׁמְךָ בְּפִי כָּל חַי
תָּמִיד לְעוֹלָם וָעֶד

כַּכָּתוּב: וְאָכַלְתָּ וְשָׂבָעְתָּ
וּבֵרַכְתָּ אֶת־יהוה אֱלֹהֶיךָ
עַל־הָאָרֶץ הַטֹּבָה אֲשֶׁר נָתַן־לָךְ:
בָּרוּךְ אַתָּה יהוה, עַל הָאָרֶץ וְעַל הַמָּזוֹן.

ברכת ירושלים

רַחֶם נָא, יהוה אֱלֹהֵינוּ
עַל יִשְׂרָאֵל עַמֶּךָ
וְעַל יְרוּשָׁלַיִם עִירֶךָ
וְעַל צִיּוֹן מִשְׁכַּן כְּבוֹדֶךָ
וְעַל מַלְכוּת בֵּית דָּוִד מְשִׁיחֶךָ
וְעַל הַבַּיִת הַגָּדוֹל וְהַקָּדוֹשׁ
שֶׁנִּקְרָא שִׁמְךָ עָלָיו.
אֱלֹהֵינוּ, אָבִינוּ
רְעֵנוּ, זוּנֵנוּ, פַּרְנְסֵנוּ וְכַלְכְּלֵנוּ

וְהַרְוִיחֵנוּ, וְהַרְוַח לָנוּ יהוה אֱלֹהֵינוּ
מְהֵרָה מִכָּל צָרוֹתֵינוּ.
וְנָא אַל תַּצְרִיכֵנוּ, יהוה אֱלֹהֵינוּ
לֹא לִידֵי מַתְּנַת בָּשָׂר וָדָם
וְלֹא לִידֵי הַלְוָאָתָם
כִּי אִם לְיָדְךָ הַמְּלֵאָה
הַפְּתוּחָה הַקְּדוֹשָׁה וְהָרְחָבָה
שֶׁלֹּא נֵבוֹשׁ וְלֹא נִכָּלֵם לְעוֹלָם וָעֶד.

בשבת:

רְצֵה וְהַחֲלִיצֵנוּ, יהוה אֱלֹהֵינוּ, בְּמִצְוֹתֶיךָ וּבְמִצְוַת יוֹם הַשְּׁבִיעִי הַשַּׁבָּת הַגָּדוֹל וְהַקָּדוֹשׁ הַזֶּה כִּי יוֹם זֶה גָּדוֹל וְקָדוֹשׁ הוּא לְפָנֶיךָ לִשְׁבָּת בּוֹ, וְלָנוּחַ בּוֹ בְּאַהֲבָה כְּמִצְוַת רְצוֹנֶךָ וּבִרְצוֹנְךָ הָנִיחַ לָנוּ, יהוה אֱלֹהֵינוּ שֶׁלֹּא תְהֵא צָרָה וְיָגוֹן וַאֲנָחָה בְּיוֹם מְנוּחָתֵנוּ וְהַרְאֵנוּ, יהוה אֱלֹהֵינוּ, בְּנֶחָמַת צִיּוֹן עִירֶךָ וּבְבִנְיַן יְרוּשָׁלַיִם עִיר קָדְשֶׁךָ כִּי אַתָּה הוּא בַּעַל הַיְשׁוּעוֹת וּבַעַל הַנֶּחָמוֹת.

בחגים, בחול המועד ובראש חודש:

אֱלֹהֵינוּ וֵאלֹהֵי אֲבוֹתֵינוּ
יַעֲלֶה וְיָבוֹא וְיַגִּיעַ
וְיֵרָאֶה וְיֵרָצֶה וְיִשָּׁמַע
וְיִפָּקֵד וְיִזָּכֵר זִכְרוֹנֵנוּ וּפִקְדוֹנֵנוּ
וְזִכְרוֹן אֲבוֹתֵינוּ
וְזִכְרוֹן מָשִׁיחַ בֶּן דָּוִד עַבְדֶּךָ
וְזִכְרוֹן יְרוּשָׁלַיִם עִיר קָדְשֶׁךָ
וְזִכְרוֹן כָּל עַמְּךָ בֵּית יִשְׂרָאֵל
לְפָנֶיךָ, לִפְלֵיטָה לְטוֹבָה, לְחֵן וּלְחֶסֶד וּלְרַחֲמִים
לְחַיִּים וּלְשָׁלוֹם בְּיוֹם

בראש חודש: **רֹאשׁ הַחֹדֶשׁ הַזֶּה.**

בראש השנה: **הַזִּכָּרוֹן הַזֶּה.**

בפסח: **חַג הַמַּצּוֹת הַזֶּה.**

בשבועות: **חַג הַשָּׁבוּעוֹת הַזֶּה.**

בסוכות: **חַג הַסֻּכּוֹת הַזֶּה.**

בשמיני עצרת (אשכנז): **הַשְּׁמִינִי חַג הָעֲצֶרֶת הַזֶּה.**

בשמיני עצרת (ספרד): **שְׁמִינִי עֲצֶרֶת הַחַג הַזֶּה.**

זָכְרֵנוּ יהוה אֱלֹהֵינוּ בּוֹ לְטוֹבָה
וּפָקְדֵנוּ בוֹ לִבְרָכָה, וְהוֹשִׁיעֵנוּ בוֹ לְחַיִּים (טוֹבִים).
וּבִדְבַר יְשׁוּעָה וְרַחֲמִים
חוּס וְחָנֵּנוּ וְרַחֵם עָלֵינוּ, וְהוֹשִׁיעֵנוּ
כִּי אֵלֶיךָ עֵינֵינוּ
כִּי אֵל (בראש השנה (אשכנז): מֶלֶךְ) חַנּוּן וְרַחוּם אָתָּה.
בכל השנה (ספרד):

וּבְנֵה יְרוּשָׁלַיִם עִיר הַקֹּדֶשׁ בִּמְהֵרָה בְיָמֵינוּ.
בָּרוּךְ אַתָּה יהוה
בּוֹנֶה בְרַחֲמָיו יְרוּשָׁלָיִם, אָמֵן.

ברכת הטוב והמטיב

בָּרוּךְ אַתָּה יהוה אֱלֹהֵינוּ מֶלֶךְ הָעוֹלָם
הָאֵל אָבִינוּ, מַלְכֵּנוּ, אַדִּירֵנוּ
בּוֹרְאֵנוּ, גּוֹאֲלֵנוּ, יוֹצְרֵנוּ, קְדוֹשֵׁנוּ
קְדוֹשׁ יַעֲקֹב, רוֹעֵנוּ, רוֹעֵה יִשְׂרָאֵל
הַמֶּלֶךְ הַטּוֹב וְהַמֵּיטִיב לַכֹּל

שֶׁבְּכָל יוֹם וָיוֹם
הוּא הֵיטִיב, הוּא מֵיטִיב, הוּא יֵיטִיב לָנוּ
הוּא גְמָלָנוּ, הוּא גוֹמְלֵנוּ, הוּא יִגְמְלֵנוּ לָעַד
לְחֵן וּלְחֶסֶד וּלְרַחֲמִים, וּלְרֶוַח
הַצָּלָה וְהַצְלָחָה, בְּרָכָה וִישׁוּעָה
נֶחָמָה, פַּרְנָסָה וְכַלְכָּלָה
וְרַחֲמִים וְחַיִּים וְשָׁלוֹם
וְכָל טוֹב, וּמִכָּל טוּב לְעוֹלָם אַל יְחַסְּרֵנוּ.

בקשות נוספות

הָרַחֲמָן הוּא יִמְלֹךְ עָלֵינוּ לְעוֹלָם וָעֶד.
הָרַחֲמָן הוּא יִתְבָּרַךְ בַּשָּׁמַיִם וּבָאָרֶץ.
הָרַחֲמָן הוּא יִשְׁתַּבַּח לְדוֹר דּוֹרִים
וְיִתְפָּאַר בָּנוּ לָעַד וּלְנֵצַח נְצָחִים
וְיִתְהַדַּר בָּנוּ לָעַד וּלְעוֹלְמֵי עוֹלָמִים.

הָרַחֲמָן הוּא יְפַרְנְסֵנוּ בְּכָבוֹד.

הָרַחֲמָן הוּא יִשְׁבֹּר עֻלֵּנוּ מֵעַל צַוָּארֵנוּ

וְהוּא יוֹלִיכֵנוּ קוֹמְמִיּוּת לְאַרְצֵנוּ.

הָרַחֲמָן הוּא יִשְׁלַח לָנוּ בְּרָכָה מְרֻבָּה

בַּבַּיִת הַזֶּה וְעַל שֻׁלְחָן זֶה

שֶׁאָכַלְנוּ עָלָיו.

הָרַחֲמָן הוּא יִשְׁלַח לָנוּ אֶת אֵלִיָּהוּ הַנָּבִיא

זָכוּר לַטּוֹב וִיבַשֶּׂר לָנוּ בְּשׂוֹרוֹת

טוֹבוֹת יְשׁוּעוֹת וְנֶחָמוֹת.

הָרַחֲמָן הוּא יְבָרֵךְ אֶת מְדִינַת יִשְׂרָאֵל

רֵאשִׁית צְמִיחַת גְּאֻלָּתֵנוּ.

הָרַחֲמָן הוּא יְבָרֵךְ אֶת חַיָּלֵי

צְבָא הַהֲגָנָה לְיִשְׂרָאֵל

הָעוֹמְדִים עַל מִשְׁמַר אַרְצֵנוּ.

ברכת האורח:

יְהִי רָצוֹן שֶׁלֹּא יֵבוֹשׁ בַּעַל הַבַּיִת בָּעוֹלָם הַזֶּה, וְלֹא יִכָּלֵם לָעוֹלָם הַבָּא, וְיִצְלַח מְאֹד בְּכָל נְכָסָיו, וְיִהְיוּ נְכָסָיו וּנְכָסֵינוּ מֻצְלָחִים וּקְרוֹבִים לָעִיר, וְאַל יִשְׁלֹט שָׂטָן לֹא בְּמַעֲשֵׂה יָדָיו וְלֹא בְּמַעֲשֵׂה יָדֵינוּ. וְאַל יִזְדַּקֵּק לֹא לְפָנָיו וְלֹא לְפָנֵינוּ שׁוּם דְּבַר הִרְהוּר חֵטְא, עֲבֵירָה וְעָוֹן, מֵעַתָּה וְעַד עוֹלָם.

הָרַחֲמָן הוּא יְבָרֵךְ

אם סמוך על שולחן עצמו, אומר:

אוֹתִי (וְאֶת אִשְׁתִּי / וְאֶת בַּעְלִי / וְאֶת אָבִי מוֹרִי / וְאֶת אִמִּי מוֹרָתִי / וְאֶת זַרְעִי)

וְאֶת כָּל אֲשֶׁר לִי.

אורח אומר:

אֶת בַּעַל הַבַּיִת הַזֶּה, אוֹתוֹ (וְאֶת אִשְׁתּוֹ בַּעֲלַת הַבַּיִת הַזֶּה / וְאֶת זַרְעוֹ) **וְאֶת כָּל אֲשֶׁר לוֹ.**

אם אכל על שולחן הוריו אומר:

אֶת אָבִי מוֹרִי (בַּעַל הַבַּיִת הַזֶּה)

וְאֶת אִמִּי מוֹרָתִי (בַּעֲלַת הַבַּיִת הַזֶּה)

אוֹתָם וְאֶת בֵּיתָם וְאֶת זַרְעָם

וְאֶת כָּל אֲשֶׁר לָהֶם

אם יש אורחים נוספים, מוסיף:

וְאֶת כָּל הַמְּסֻבִּין כָּאן

אוֹתָנוּ וְאֶת כָּל אֲשֶׁר לָנוּ

כְּמוֹ שֶׁנִּתְבָּרְכוּ אֲבוֹתֵינוּ

אַבְרָהָם יִצְחָק וְיַעֲקֹב, בַּכֹּל, מִכֹּל, כֹּל

כֵּן יְבָרֵךְ אוֹתָנוּ כֻּלָּנוּ יַחַד

בִּבְרָכָה שְׁלֵמָה, וְנֹאמַר אָמֵן.

בַּמָּרוֹם יְלַמְּדוּ עֲלֵיהֶם וְעָלֵינוּ זְכוּת
שֶׁתְּהֵא לְמִשְׁמֶרֶת שָׁלוֹם
וְנִשָּׂא בְרָכָה מֵאֵת יהוה
וּצְדָקָה מֵאֱלֹהֵי יִשְׁעֵנוּ
וְנִמְצָא חֵן וְשֵׂכֶל טוֹב
בְּעֵינֵי אֱלֹהִים וְאָדָם.

בסעודת ברית מוסיפים: 'הָרַחֲמָן הוּא יְבָרֵךְ אֲבִי הַיֶּלֶד' עמ' 25.

בשבת: הָרַחֲמָן הוּא יַנְחִילֵנוּ
יוֹם שֶׁכֻּלּוֹ שַׁבָּת וּמְנוּחָה לְחַיֵּי הָעוֹלָמִים.

בראש חודש: הָרַחֲמָן הוּא יְחַדֵּשׁ עָלֵינוּ
אֶת הַחֹדֶשׁ הַזֶּה לְטוֹבָה וְלִבְרָכָה.

בראש השנה: הָרַחֲמָן הוּא יְחַדֵּשׁ עָלֵינוּ
אֶת הַשָּׁנָה הַזֹּאת לְטוֹבָה וְלִבְרָכָה.

ביום טוב: הָרַחֲמָן הוּא יַנְחִילֵנוּ יוֹם שֶׁכֻּלּוֹ טוֹב.

בסוכות: הָרַחֲמָן הוּא יָקִים לָנוּ
אֶת סֻכַּת דָּוִד הַנּוֹפֶלֶת.

הָרַחֲמָן הוּא יְזַכֵּנוּ לִימוֹת הַמָּשִׁיחַ
וּלְחַיֵּי הָעוֹלָם הַבָּא
מַגְדִּל/ בשבת וביו"ט: מִגְדּוֹל/ יְשׁוּעוֹת מַלְכּוֹ
וְעֹשֶׂה־חֶסֶד לִמְשִׁיחוֹ
לְדָוִד וּלְזַרְעוֹ עַד־עוֹלָם:
עֹשֶׂה שָׁלוֹם בִּמְרוֹמָיו
הוּא יַעֲשֶׂה שָׁלוֹם עָלֵינוּ
וְעַל כָּל יִשְׂרָאֵל
וְאִמְרוּ אָמֵן.

יְראוּ אֶת־יהוה קְדֹשָׁיו
כִּי־אֵין מַחְסוֹר לִירֵאָיו:
כְּפִירִים רָשׁוּ וְרָעֵבוּ
וְדֹרְשֵׁי יהוה לֹא־יַחְסְרוּ כָל־טוֹב:
הוֹדוּ לַיהוה כִּי־טוֹב, כִּי לְעוֹלָם חַסְדּוֹ:

פּוֹתֵחַ אֶת־יָדֶךָ, וּמַשְׂבִּיעַ לְכָל־חַי רָצוֹן:

בָּרוּךְ הַגֶּבֶר אֲשֶׁר יִבְטַח בַּיהוה

וְהָיָה יהוה מִבְטַחוֹ:

נַעַר הָיִיתִי גַּם־זָקַנְתִּי

וְלֹא־רָאִיתִי צַדִּיק נֶעֱזָב

וְזַרְעוֹ מְבַקֶּשׁ־לָחֶם:

יהוה עֹז לְעַמּוֹ יִתֵּן

יהוה יְבָרֵךְ אֶת־עַמּוֹ בַשָּׁלוֹם:

אם בירך ברכת המזון על כוס יין, מברך אחריה ׳בּוֹרֵא פְּרִי הַגָּפֶן׳, שותה רביעית ומברך ברכה מעין שלוש בעמ׳ 31.

ברכת המזון לברית מילה

המזמן אומר: רַבּוֹתַי, נְבָרֵךְ.

המסובין: יְהִי שֵׁם יהוה מְבֹרָךְ מֵעַתָּה וְעַד־עוֹלָם:

המזמן חוזר: יְהִי שֵׁם יהוה מְבֹרָךְ מֵעַתָּה וְעַד־עוֹלָם:

המזמן ואחריו המסובין: נוֹדֶה לְשִׁמְךָ בְּתוֹךְ אֱמוּנַי
בְּרוּכִים אַתֶּם לַיהוה.

המזמן: בִּרְשׁוּת אֵל אָיֹם וְנוֹרָא
מִשְׂגָּב לְעִתּוֹת בַּצָּרָה
אֵל נֶאְזָר בִּגְבוּרָה
אַדִּיר בַּמָּרוֹם יהוה.

המסובין: נוֹדֶה לְשִׁמְךָ בְּתוֹךְ אֱמוּנַי, בְּרוּכִים אַתֶּם לַיהוה.

המזמן: בִּרְשׁוּת הַתּוֹרָה הַקְּדוֹשָׁה
טְהוֹרָה הִיא וְגַם פְּרוּשָׁה
צִוָּה לָנוּ מוֹרָשָׁה
מֹשֶׁה עֶבֶד יהוה.

המסובין: נוֹדֶה לְשִׁמְךָ בְּתוֹךְ אֱמוּנַי, בְּרוּכִים אַתֶּם לַיהוה.

המזמן: בִּרְשׁוּת הַכֹּהֲנִים וְהַלְוִיִּם

אֶקְרָא לֵאלֹהֵי הָעִבְרִיִּים

אֲהוֹדֶנּוּ בְּכָל אִיִּים

אֲבָרְכָה אֶת יהוה.

המסובין: נוֹדֶה לְשִׁמְךָ בְּתוֹךְ אֱמוּנַי, בְּרוּכִים אַתֶּם לַיהוה.

המזמן: בִּרְשׁוּת מָרָנָן וְרַבָּנָן וְרַבּוֹתַי

אֶפְתְּחָה בְּשִׁיר פִּי וּשְׂפָתַי

וְתֹאמַרְנָה עַצְמוֹתַי

בָּרוּךְ הַבָּא בְּשֵׁם יהוה.

המסובין: נוֹדֶה לְשִׁמְךָ בְּתוֹךְ אֱמוּנַי, בְּרוּכִים אַתֶּם לַיהוה.

המזמן אומר: בִּרְשׁוּת מָרָנָן וְרַבָּנָן וְרַבּוֹתַי

נְבָרֵךְ (במניין: אֱלֹהֵינוּ) שֶׁאָכַלְנוּ מִשֶּׁלּוֹ.

המסובין: בָּרוּךְ (במניין: אֱלֹהֵינוּ) שֶׁאָכַלְנוּ מִשֶּׁלּוֹ

וּבְטוּבוֹ חָיִינוּ.

המזמן חוזר: בָּרוּךְ (במניין: אֱלֹהֵינוּ) שֶׁאָכַלְנוּ מִשֶּׁלּוֹ וּבְטוּבוֹ חָיִינוּ.

בָּרוּךְ הוּא וּבָרוּךְ שְׁמוֹ.

מברכים ברכת המזון בעמ׳ 8 עד ׳בְּעֵינֵי אֱלֹהִים וְאָדָם׳ בעמ׳ 20
וממשיכים בעמוד הבא.

הָרַחֲמָן הוּא יְבָרֵךְ אֲבִי הַיֶּלֶד וְאִמּוֹ
וְיִזְכּוּ לְגַדְּלוֹ וּלְחַנְּכוֹ וּלְחַכְּמוֹ
מִיּוֹם הַשְּׁמִינִי וָהָלְאָה יֵרָצֶה דָמוֹ
וִיהִי יהוה אֱלֹהָיו עִמּוֹ.

הָרַחֲמָן הוּא יְבָרֵךְ בַּעַל בְּרִית הַמִּילָה
אֲשֶׁר שָׂשׂ לַעֲשׂוֹת צֶדֶק בְּגִילָה
וִישַׁלֵּם פָּעֳלוֹ וּמַשְׂכֻּרְתּוֹ כְּפוּלָה
וְיִתְּנֵהוּ לְמַעְלָה לְמָעְלָה.

הָרַחֲמָן הוּא יְבָרֵךְ רַךְ הַנִּמּוֹל לִשְׁמוֹנָה
וְיִהְיוּ יָדָיו וְלִבּוֹ לָאֵל אֱמוּנָה
וְיִזְכֶּה לִרְאוֹת פְּנֵי הַשְּׁכִינָה
שָׁלֹשׁ פְּעָמִים בַּשָּׁנָה.

הָרַחֲמָן הוּא יְבָרֵךְ הַמָּל בְּשַׂר הָעָרְלָה
וּפָרַע וּמָצַץ דְּמֵי הַמִּילָה
אִישׁ הַיָּרֵא וְרַךְ הַלֵּבָב
עֲבוֹדָתוֹ פְּסוּלָה
אִם שְׁלָשׁ אֵלֶּה לֹא יַעֲשֶׂה לָהּ.

הָרַחֲמָן הוּא יִשְׁלַח לָנוּ מְשִׁיחוֹ הוֹלֵךְ תָּמִים
בִּזְכוּת חֲתַן לַמּוּלוֹת דָּמִים
לְבַשֵּׂר בְּשׂוֹרוֹת טוֹבוֹת וְנִחוּמִים
לְעַם אֶחָד מְפֻזָּר וּמְפֹרָד בֵּין הָעַמִּים.

הָרַחֲמָן הוּא יִשְׁלַח לָנוּ כֹּהֵן צֶדֶק
אֲשֶׁר לֻקַּח לְעֵילוֹם
עַד הוּכַן כִּסְאוֹ כַּשֶּׁמֶשׁ וְיַהֲלוֹם
וַיָּלֶט פָּנָיו בְּאַדַּרְתּוֹ וַיִּגְלוֹם
בְּרִיתִי הָיְתָה אִתּוֹ הַחַיִּים וְהַשָּׁלוֹם.

זימון לסעודת שבע ברכות

המזמן נוטל את כוס היין בידו ואומר:

רַבּוֹתַי, נְבָרֵךְ.

המסובין: יְהִי שֵׁם יהוה מְבֹרָךְ מֵעַתָּה וְעַד־עוֹלָם:

המזמן חוזר: יְהִי שֵׁם יהוה מְבֹרָךְ מֵעַתָּה וְעַד־עוֹלָם:

דְּוַי הָסֵר וְגַם חָרוֹן וְאָז אִלֵּם בְּשִׁיר יָרֹן.
נְחֵנוּ בְּמַעְגְּלֵי צֶדֶק שְׁעֵה בִּרְכַּת בְּנֵי אַהֲרֹן.

בִּרְשׁוּת (אָבִי מוֹרִי / אִמִּי מוֹרָתִי / כֹּהֲנִים / מוֹרֵנוּ הָרַב / בַּעַל הַבַּיִת הַזֶּה / בַּעֲלַת הַבַּיִת הַזֶּה)

מָרָנָן וְרַבָּנָן וְרַבּוֹתַי
נְבָרֵךְ אֱלֹהֵינוּ שֶׁהַשִּׂמְחָה בִּמְעוֹנוֹ
שֶׁאָכַלְנוּ מִשֶּׁלּוֹ.

המסובין: בָּרוּךְ אֱלֹהֵינוּ שֶׁהַשִּׂמְחָה בִּמְעוֹנוֹ
שֶׁאָכַלְנוּ מִשֶּׁלּוֹ וּבְטוּבוֹ חָיִינוּ.

המזמן: בָּרוּךְ אֱלֹהֵינוּ שֶׁהַשִּׂמְחָה בִּמְעוֹנוֹ
שֶׁאָכַלְנוּ מִשֶּׁלּוֹ וּבְטוּבוֹ חָיִינוּ.

בָּרוּךְ הוּא וּבָרוּךְ שְׁמוֹ.

שבע ברכות הנישואין

בָּרוּךְ אַתָּה יהוה אֱלֹהֵינוּ מֶלֶךְ הָעוֹלָם
בּוֹרֵא פְּרִי הַגָּפֶן.

בָּרוּךְ אַתָּה יהוה אֱלֹהֵינוּ מֶלֶךְ הָעוֹלָם
שֶׁהַכֹּל בָּרָא לִכְבוֹדוֹ.

בָּרוּךְ אַתָּה יהוה אֱלֹהֵינוּ מֶלֶךְ הָעוֹלָם
יוֹצֵר הָאָדָם.

בָּרוּךְ אַתָּה יהוה אֱלֹהֵינוּ מֶלֶךְ הָעוֹלָם
אֲשֶׁר יָצַר אֶת הָאָדָם בְּצַלְמוֹ
בְּצֶלֶם דְּמוּת תַּבְנִיתוֹ
וְהִתְקִין לוֹ מִמֶּנּוּ בִּנְיַן עֲדֵי עַד.
בָּרוּךְ אַתָּה יהוה
יוֹצֵר הָאָדָם.

שׂוֹשׂ תָּשִׂישׂ וְתָגֵל הָעֲקָרָה
בְּקִבּוּץ בָּנֶיהָ לְתוֹכָהּ בְּשִׂמְחָה.
בָּרוּךְ אַתָּה יהוה
מְשַׂמֵּחַ צִיּוֹן בְּבָנֶיהָ.

שַׂמֵּחַ תְּשַׂמַּח רֵעִים הָאֲהוּבִים
כְּשַׂמֵּחֲךָ יְצִירְךָ בְּגַן עֵדֶן מִקֶּדֶם.
בָּרוּךְ אַתָּה יהוה
מְשַׂמֵּחַ חָתָן וְכַלָּה.

בָּרוּךְ אַתָּה יהוה אֱלֹהֵינוּ מֶלֶךְ הָעוֹלָם
אֲשֶׁר בָּרָא שָׂשׂוֹן וְשִׂמְחָה
חָתָן וְכַלָּה
גִּילָה, רִנָּה, דִּיצָה וְחֶדְוָה
אַהֲבָה וְאַחֲוָה וְשָׁלוֹם וְרֵעוּת.

מְהֵרָה יהוה אֱלֹהֵינוּ
יִשָּׁמַע בְּעָרֵי יְהוּדָה
וּבְחוּצוֹת יְרוּשָׁלַיִם
קוֹל שָׂשׂוֹן וְקוֹל שִׂמְחָה
קוֹל חָתָן וְקוֹל כַּלָּה
קוֹל מִצְהֲלוֹת חֲתָנִים מֵחֻפָּתָם
וּנְעָרִים מִמִּשְׁתֵּה נְגִינָתָם.
בָּרוּךְ אַתָּה יהוה
מְשַׂמֵּחַ הֶחָתָן עִם הַכַּלָּה.

ברכה מעין שלוש

אחרי אכילת מזונות מחמשת מיני דגן, שתיית יין
או אכילת פירות משבעת המינים מברך:

בָּרוּךְ אַתָּה יהוה אֱלֹהֵינוּ מֶלֶךְ הָעוֹלָם

על מזונות:	על יין:	על פירות משבעת המינים:
עַל הַמִּחְיָה וְעַל הַכַּלְכָּלָה	**עַל הַגֶּפֶן וְעַל פְּרִי הַגֶּפֶן**	**עַל הָעֵץ וְעַל פְּרִי הָעֵץ**

על יין ומזונות יחד:

עַל הַמִּחְיָה וְעַל הַכַּלְכָּלָה
וְעַל הַגֶּפֶן וְעַל פְּרִי הַגֶּפֶן

וְעַל תְּנוּבַת הַשָּׂדֶה וְעַל אֶרֶץ חֶמְדָּה טוֹבָה וּרְחָבָה, שֶׁרָצִיתָ וְהִנְחַלְתָּ לַאֲבוֹתֵינוּ לֶאֱכֹל מִפִּרְיָהּ וְלִשְׂבֹּעַ מִטּוּבָהּ. רַחֶם נָא יהוה אֱלֹהֵינוּ עַל יִשְׂרָאֵל עַמֶּךָ וְעַל יְרוּשָׁלַיִם עִירֶךָ וְעַל צִיּוֹן מִשְׁכַּן כְּבוֹדֶךָ וְעַל מִזְבְּחֶךָ וְעַל הֵיכָלֶךָ. וּבְנֵה יְרוּשָׁלַיִם עִיר הַקֹּדֶשׁ בִּמְהֵרָה בְיָמֵינוּ, וְהַעֲלֵנוּ לְתוֹכָהּ וְשַׂמְּחֵנוּ בְּבִנְיָנָהּ וְנֹאכַל מִפִּרְיָהּ וְנִשְׂבַּע מִטּוּבָהּ, וּנְבָרֶכְךָ עָלֶיהָ בִּקְדֻשָּׁה וּבְטָהֳרָה.

בשבת: וּרְצֵה וְהַחֲלִיצֵנוּ בְּיוֹם הַשַּׁבָּת הַזֶּה

בראש חודש: וְזָכְרֵנוּ לְטוֹבָה בְּיוֹם רֹאשׁ הַחֹדֶשׁ הַזֶּה

בראש השנה: וְזָכְרֵנוּ לְטוֹבָה בְּיוֹם הַזִּכָּרוֹן הַזֶּה

בפסח: וְשַׂמְּחֵנוּ בְּיוֹם חַג הַמַּצּוֹת הַזֶּה

בשבועות: וְשַׂמְּחֵנוּ בְּיוֹם חַג הַשָּׁבוּעוֹת הַזֶּה

בסוכות: וְשַׂמְּחֵנוּ בְּיוֹם חַג הַסֻּכּוֹת הַזֶּה

בשמיני עצרת (אשכנז): וְשַׂמְּחֵנוּ בְּיוֹם הַשְּׁמִינִי חַג הָעֲצֶרֶת הַזֶּה

בשמיני עצרת (ספרד): וְשַׂמְּחֵנוּ בְּיוֹם שְׁמִינִי הָעֲצֶרֶת הַחַג הַזֶּה

כִּי אַתָּה יהוה טוֹב וּמֵטִיב לַכֹּל, וְנוֹדֶה לְּךָ עַל הָאָרֶץ
וְשַׂמְּחֵנוּ בְּיוֹם שְׁמִינִי עֲצֶרֶת הַחַג הַזֶּה

על מזונות:

וְעַל הַמִּחְיָה. בָּרוּךְ אַתָּה יהוה עַל הָאָרֶץ וְעַל הַמִּחְיָה.

על יין:

וְעַל פְּרִי גַפְנָהּ.* בָּרוּךְ אַתָּה יהוה עַל הָאָרֶץ וְעַל פְּרִי גַפְנָהּ.*

על פירות משבעת המינים:

וְעַל פֵּרוֹתֶיהָ.** בָּרוּךְ אַתָּה יהוה עַל הָאָרֶץ וְעַל פֵּרוֹתֶיהָ.**

על יין ומזונות יחד:

וְעַל הַמִּחְיָה וְעַל פְּרִי גַפְנָהּ.*
בָּרוּךְ אַתָּה יהוה, עַל הָאָרֶץ וְעַל הַמִּחְיָה וְעַל פְּרִי גַפְנָהּ.*

*על יין מחו״ל אומרים: **הַגָּפֶן.** **על פירות מחו״ל אומרים: **הַפֵּרוֹת.**